¡Ubícalo en el mapa!

I0889026

Sharon Coan, M.S.Ed.

Este es un **mapa**.

Un mapa muestra un **lugar**.

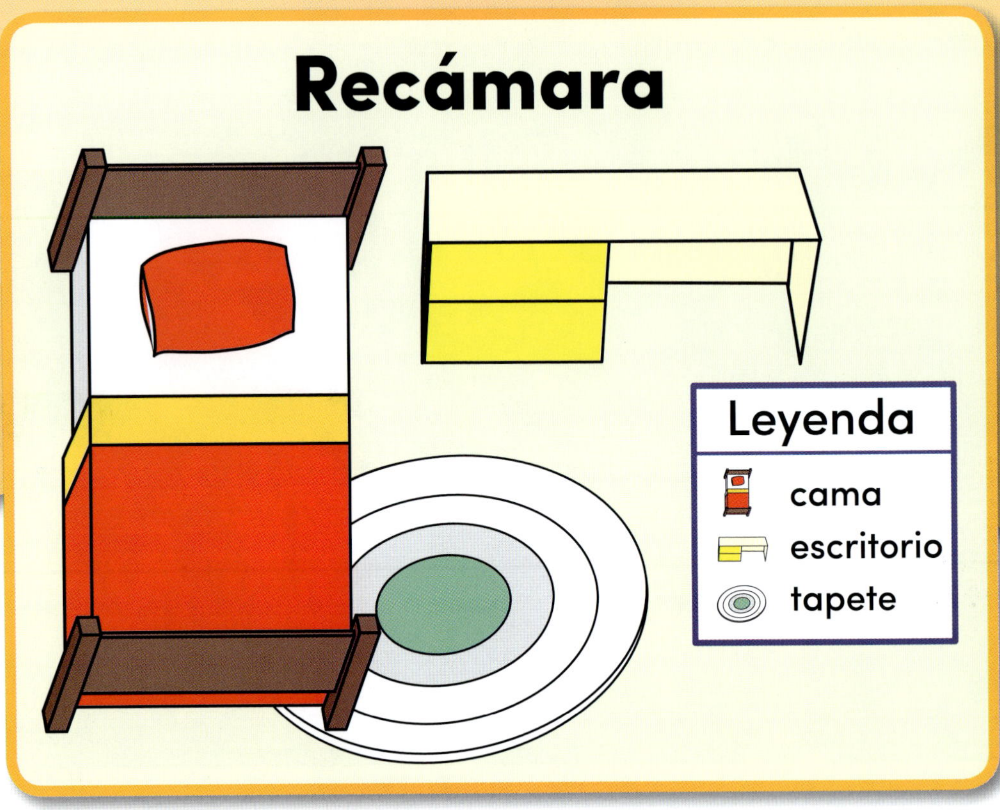

mapa

lugar

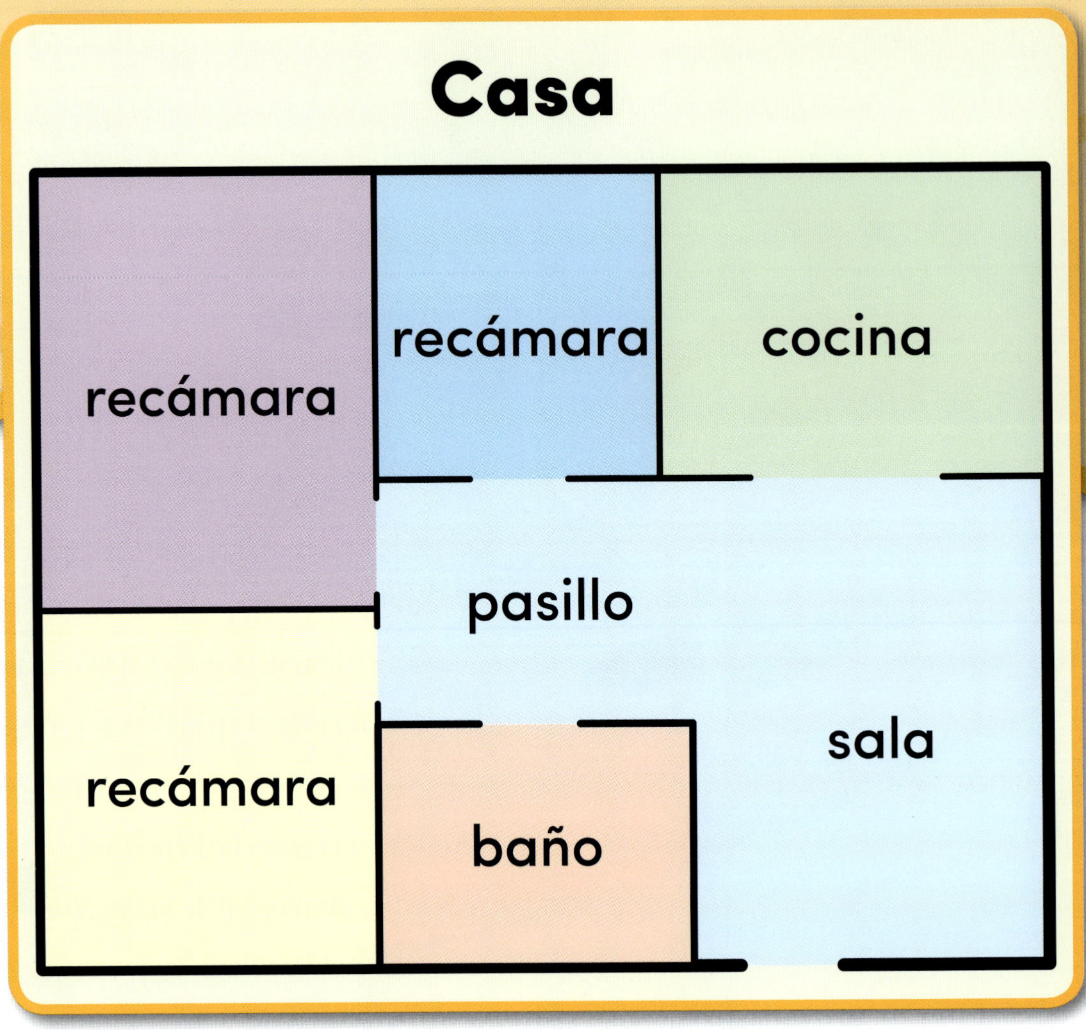

mapa

lugar

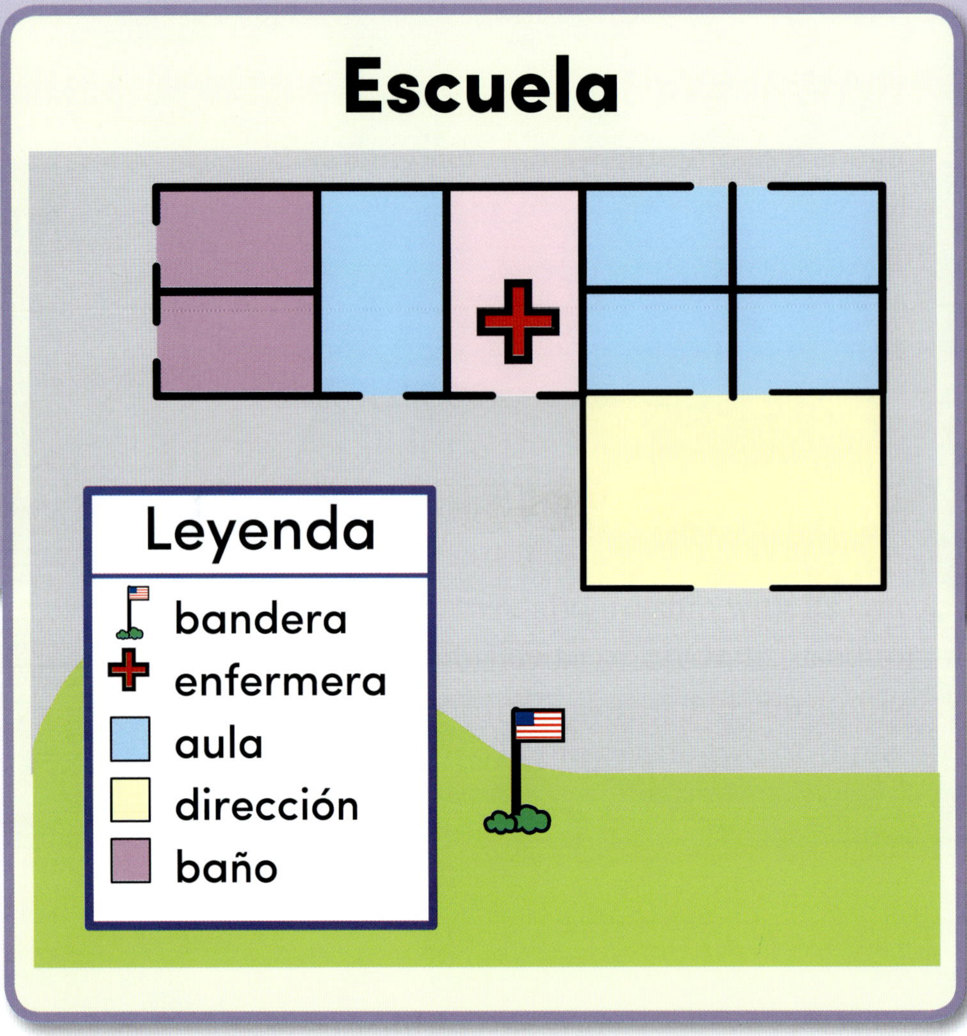

mapa

lugar

mapa

lugar

mapa

lugar

АТЛАНТИЧЕСКИЙ ОКЕАН
БРАЗИЛИЯ
ЮЖНАЯ АМЕРИКА
АТЛАНТИЧЕСКИЙ ОКЕАН

mapa

lugar

¡Dibújalo!

1. Elige un lugar.
2. Dibuja un mapa.

3. Comenta tu mapa.

Glosario

lugar: una parte del mundo

mapa: una imagen que muestra un lugar

Índice analítico

¡Tu turno!

¿Alguna vez has visto un mapa? ¿Dónde estaba? Dile a un amigo.

Asesoras

Shelley Scudder
Maestra de educación de estudiantes dotados
Broward County Schools

Caryn Williams, M.S.Ed.
Madison County Schools
Huntsville, AL

Créditos de publicación

Conni Medina, M.A.Ed., *Gerente editorial*
Lee Aucoin, *Directora creativa*
Torrey Maloof, *Editora*
Lexa Hoang, *Diseñadora*
Stephanie Reid, *Editora de fotos*
Rachelle Cracchiolo, M.S.Ed., *Editora comercial*

Créditos de imágenes: Tapa, pág.1 Maria Pavlova/Getty Images; pág.4 Alaska Stock/Alamy; pág.18 Blend Images/Alamy; pág.2 Cultura Creative/Alamy; pág.24 SCPhotos/Alamy; pág.2 comptine/iStockphoto; pág.5 jose1983/iStockphoto; pág.11 stevegeer/iStockphoto; págs.6, 8,10, 12 Stephanie Reid; pág.19 Teacher Created Materials; todas las demás imágenes de Shutterstock.

Teacher Created Materials
5301 Oceanus Drive
Huntington Beach, CA 92649-1030
http://www.tcmpub.com

ISBN 978-1-4938-0432-0
© 2016 Teacher Created Materials, Inc.